BEI GRIN MACHT SICH IHR WISSEN BEZAHLT

- Wir veröffentlichen Ihre Hausarbeit,
  Bachelor- und Masterarbeit

- Ihr eigenes eBook und Buch -
  weltweit in allen wichtigen Shops

- Verdienen Sie an jedem Verkauf

**Jetzt bei www.GRIN.com hochladen
und kostenlos publizieren**

Berthold Brechts "Mutter Courage und ihre Kinder". Figurenanalyse und Motive im Kontext des epischen Theaters

Bibliografische Information der Deutschen Nationalbibliothek:

Die Deutsche Nationalbibliothek verzeichnet diese Publikation in der Deutschen Nationalbibliografie; detaillierte bibliografische Daten sind im Internet über http://dnb.d-nb.de abrufbar.

ISBN: 9783346885487
Dieses Buch ist auch als E-Book erhältlich.

Druck und Bindung: Books on Demand GmbH, Norderstedt Germany
Gedruckt auf säurefreiem Papier aus verantwortungsvollen Quellen

Das vorliegende Werk wurde sorgfältig erarbeitet. Dennoch übernehmen Autoren und Verlag für die Richtigkeit von Angaben, Hinweisen, Links und Ratschlägen sowie eventuelle Druckfehler keine Haftung.

Das Buch bei GRIN: https://www.grin.com/document/1361604

Portfolio

„Mutter Courage
und ihre Kinder"

Von Bertolt Brecht

Inhaltsverzeichnis

1. Das Werk allgemein

1.1 Biographie

Der deutsche Schriftsteller und Regisseur gilt als einflussreichster europäischen Dramatiker und Lyriker des 20. Jahrhunderts und als Begründer des epischen Theaters.

Eugen Berthold Brecht, geboren am 10. Februar 1898 in Augsburg, ist der Sohn von Sophia Brecht und ihrem Mann Berthold, welcher ein kaufmännischer Angestellter ist.[1] Während des 1. Weltkriegs absolvierte er sein Notabitur und begann an der Universität München Medizin und Naturwissenschaften zu studieren.[2] 1918, ein Jahr später, wurde er als Lazarettsoldat zum Kriegsdienst eingezogen.[3] Dort arbeitete er als Mediziner in einem Seuchenlazarett.[4] Im Juli des Jahres 1919 wird der Sohn von Brecht und seiner Freundin Paula Banholzer geboren, dieser wird als Deutscher Soldat an der Ostfront fallen.[5] 1922 findet die Uraufführung seines Stücks „Trommeln in der Nacht" statt. Die Buchausgabe seines ersten Dramas „Baal" erscheint ebenfalls zur gleichen Zeit, trotz der Furcht vor einem Verbot dessen.[6] Im demselben Jahr heiratet Bertold die Opernsängerin Marianne Zoff. Aus dieser Ehe wird eine Tochter hervorgehen.[7] 1924 übersiedelt der Mann nach Berlin, um dort gemeinsam mit Carl Zuckmayer als Dramaturg für Max Reinhardt am Deutschen Theater tätig zu sein. In der Stadt wird auch der Sohn von Brecht und Helene Weigel geboren, welche er bei der Premiere von „Trommeln in der Nacht" in Berlin kennenlernt.[8]

Ab 1926 beeinflusst Brechts Hinwendung zum Marxismus zunehmend sein Werk. Es entstehen sogenannte Lehrstücke. 1928 wird „Die Dreigroschenoper" im Theater am Schiffbauerdamm uraufgeführt. Damit führt Brecht das von ihm konzipierte „epische Theater" ein.[9]

---

[1] Vgl. *unbekannter Autor*, Bertolt Brecht 1898-1956. In: dhm.de, online unter <https://www.dhm.de/lemo/biografie/bertolt-brecht> (abgerufen am 25.12.2022) im Folgenden zit. als: *unbekannter Autor*, Bertolt Brecht 1898-1956. In: dhm.de.

[2] Vgl. *unbekannter Autor*, Über Bertolt Brecht. In: suhrkamp.de, online unter <https://www.suhrkamp.de/importraet/ueber-bertolt-brecht-b-3254> (abgerufen am 25.12.2022) im Folgenden zit. als: *unbekannter Autor*, Über Bertolt Brecht. In: suhrkamp.de.

[3] Vgl. *unbekannter Autor*, Bertolt Brecht 1898-1956. In: dhm.de (abgerufen am 25.12.2022).

[4] Vgl. *unbekannter Autor*, Bertolt Brecht. In: whoswho.de, online unter <https://whoswho.de/bio/bertolt-brecht.html> (abgerufen am 25.12.2022).

[5] Vgl. *unbekannter Autor*, Bertolt Brecht. In: inhaltsangabe.de, online unter <https://www.inhaltsangabe.de/autoren/brech/> (abgerufen am 25.12.2022).

[6] Vgl. *unbekannter Autor*, Bertolt Brecht. In: kuenste-im-exil.de, online unter <https://kuenste-im-exil.de/KIE/Content/DE/Personen/brecht-bertolt.html> (abgerufen am 25.12.2022) im Folgenden zit. als: *unbekannter Autor*, Bertolt Brecht. In: kuenste-im-exil.de.

[7] Vgl. *unbekannter Autor*, Wichtige Stationen im Leben des Bertolt Brecht. In: daserste.de, online unter <https://www.daserste.de/unterhaltung/film/brecht/lebensdaten-wichtige-stationen-leben-brecht-100.html> (abgerufen am 25.12.2022).

[8] Vgl. *unbekannter Autor*, Bertolt Brecht 1898-1956. In: dhm.de (abgerufen am 25.12.2022).

[9] Vgl. *unbekannter Autor*, Bertolt Brecht. In: deutschelyrik.de, online unter <https://www.deutschelyrik.de/brecht.html> (abgerufen am 25.12.2022).

Aufgrund von Affären lassen sich Zoff und Brecht im Jahre 1927 scheiden. Anschließend heiratet der Mann Weigel, mit der er bereits eine Tochter hat, im April 1929 und bekommt ein weiteres Kind mit ihr.

Die Uraufführung der Oper „Aufstieg und Fall der Stadt Mahagonny" 1930 in Leipzig endet gestört von Anhängern der NSDAP als Theaterskandal.

Bertolt Brecht arbeitet gemeinsam mit Ernst Ottwalt und Slatan Dudow an dem Drehbuch zu dem Film „Kuhle Wampe oder: Wem gehört die Welt?", der die Probleme des Proletariats zeigt. 1932 wird dies jedoch wegen kommunistischer Agitation verboten. Proteste zeigten die Unzufriedenheit der Deutschen mit dieser Entscheidung und so wird 2 Monate später eine entschärfte Fassung uraufgeführt.

1933 flieht Berthold Brecht gemeinsam mit seiner Frau über Prag nach Wien, um in die Schweiz zu gelangen. Schließlich kommen sie nach Svendborg in Dänemark, doch nach dem Einmarsch der deutschen Truppen in Dänemark begeben sie sich nach Finnland.[10] Im Mai 1941 erhält Brecht ein Visum für die USA. Dort bleibt er für sechs Jahre, kehrt jedoch anschließend in die Schweiz zurück, um von dort aus nach Ost-Berlin zu ziehen.[11]

1949 findet die Premiere „Mutter Courage und ihre Kinder" in Berlin mit Helene Weigel als Protagonistin Courage statt. 2 Jahre später wird Brecht mit dem Nationalpreis der DDR ausgezeichnet.[12]

Am 14. August 1956 stirbt der Schriftsteller an einem Herzinfarkt in Berlin.[13]

---

[10] Vgl. *unbekannter Autor*, Bertolt Brecht 1898-1956. In: dhm.de (abgerufen am 25.12.2022).
[11] Vgl. *unbekannter Autor*, Bertolt Brecht. In: kuenste-im-exil.de (abgerufen am 25.12.2022).
[12] Vgl. *unbekannter Autor*, Bertolt Brecht 1898-1956. In: dhm.de (abgerufen am 25.12.2022).
[13] Vgl. *unbekannter Autor*, Über Bertolt Brecht. In: suhrkamp.de (abgerufen am 25.12.2022).

1.2 Cluster

geboren am 10.02.1898 als Sohn von Sophia und Berthold Brecht in Augsburg

beginnt an der Universität München Medizin und Naturwissenschaften zu studieren

1918 Kriegsdienst in einem Seuchenlazarett

1924 ist mit Carl Zuckmayer als Dramaturg für Max Reinhardt am Deutschen Theater tätig

Vater von 4 Kindern mit 3 Frauen

Stirbt am 14.08.1956 in Berlin

deutscher Schriftsteller und Regisseur

gilt als einflussreichster europäischen Dramatiker und Lyriker des 20. Jahrhunderts

gilt als Begründer des epischen Theaters

1951 wird er mit dem Nationalpreis der DDR ausgezeichnet

Leben

Bedeutung

Cluster zu „Zur Person des Autors"

Werke

1922 Uraufführung „Trommeln in der Nacht"

1922 Drama „Baal"

1926 vom Marxismus beeinflusste Lehrstücke

1928 „Dreigroschenoper"

1930 Uraufführung der Oper „Aufstieg und Fall der Stadt Mahagonny"

arbeitet mit Ernst Ottwalt und Slatan Dudow an dem Drehbuch zum Film „Kuhle Wampe oder: Wem gehört die Welt?"

1949 Premiere „Mutter Courage und ihre Kinder" in Berlin

führt mit der „Dreigroschenoper" das von ihm konzipierte „epische Theater" ein

endet gestört von Anhängern der NSDAP als Theaterskandal

zeigt die Probleme des Proletariats auf. Wird 1932 wegen kommunistischer Agitation verboten. Proteste bewirken die Uraufführung einer entschärfte Fassung 2 Monate später.

1.3 Inhaltszusammenfassung

Das Drama „Mutter Courage und ihre Kinder" wurde von Bertolt Brecht 1939 verfasst und 1941 erstmals in Zürich aufgeführt. Es spielt zur Zeit des Dreißigjährigen Krieges. Die Händlerin Mutter Courage zieht mit ihren Kindern durch das Land und verkauft ihre Ware. Mit der Zeit verliert sie sie an den Krieg.

Wir schreiben das Jahr 1624. Mutter Courage ist mit ihren Kindern Eilif, Schweizerkas und Kattrin auf einer Landstraße in Schweden unterwegs. Sie ziehen ihren Planwagen mit Ware, die sie an Leute im Krieg verkaufen. Sie treffen auf einen Feldwebel und einen Werber, die sie aufhalten, um die Söhne für den Krieg zu rekrutieren. Mutter Courage ist dagegen und sagt dem Feldwebel und ihren Kindern den Tod voraus. Doch als sie von dem Feldwebel in geschäftliche Verhandlungen verwickelt wird, zieht der Werber mit Eilif davon. Zwei Jahre später ist die Familie in Polen. Während sich Mutter Courage mit einem Koch über den Verkauf eines Hahns streitet, trifft sie Eilif wieder. Sie entdeckt, dass ihr sich Sohn beim Militär gut macht und ist stolz auf ihn. Drei Jahre später reisen Mutter Courage, Schweizerkas und Kattrin mit einem finnischen Regiment und treffen auf den Koch und den Feldprediger. Ihr Lager wird von katholischen Truppen angegriffen. Schweizerkas will die Regimentskassa retten und versucht sie zu verstecken, doch er wird gefangen genommen. Mutter Courage versucht ihren Sohn zurückzukaufen, indem sie ihren Planwagen verpfändet. Doch sie braucht zu lange, um den Preis auszuhandeln und Schweizerkas wird erschossen. Als nächstes kommt ein verzweifelter Soldat zu dem Planwagen und Mutter Courage singt ihm das Lied der Kapitulation. 1631 kommen Mutter Courage, Kattrin und der Feldprediger zur Stadt Magdeburg, in der die Katholiken gesiegt und alles verwüstet haben. Sie wird gebeten, Hemden für Verwundete zu geben. Sie weigert sich, wird aber überredet. Dann riskiert Kattrin ihr Leben, um ein Kind in einem brennenden Haus zu retten. Sie reisen weiter nach Ingolstadt, wo die Beerdigung des Oberbefehlshabers der katholischen Armee stattfindet. Mutter Courage macht sich Sorgen, dass der Krieg bald zu Ende ist und sie keine guten Geschäfte mehr machen wird. Doch als Kattrin beim Einkaufen in der Stadt angegriffen und verletzt wird, verflucht Mutter Courage den Krieg. Aber als ihr Geschäft wieder gut läuft, ändert sie schnell ihre Meinung. Der Frieden wird ausgerufen und Mutter Courage ist entsetzt. Sie versuchen, ihre Ware so schnell wie möglich zu verkaufen, bevor sie an Wert verliert. Der Koch Lamb tritt wieder auf und er und der Feldprediger beginnen sich zu streiten. Während Mutter Courage fort ist, wird Eilif festgenommen. Er hatte ein Bauernhaus im Frieden überfallen und geplündert. Er wird gehängt, ohne dass seine Mutter davon erfährt. Kurz darauf beginnt der Krieg erneut und die Übriggebliebenen der Familie ziehen mit dem Koch weiter. Er erzählt Mutter Courage von seinem Plan nach Utrecht zu gehen, wo ihm seine verstorbene Mutter ein Wirtshaus hinterlassen hat. Doch sie möchte Kattrin nicht zurücklassen und so trennen sich ihre Wege. Ein Jahr später greifen katholische Soldaten den Hof an, auf dem Mutter und Tochter ihr Lager aufgeschlagen hatten. Sie zwingen den Bauernsohn ihnen den Weg in die Stadt zu zeigen. Als Kattrin, deren Mutter in der Stadt ist, erfährt, dass unschuldige Kinder in Gefahr sind, klettert sie auf das Dach. Sie beginnt laut auf eine Trommel zu schlagen, um die schlafende Stadt zu warnen. Die Soldaten bedrohen Kattrin und erschießen sie. Kurz darauf ertönt in der Stadt das Läuten der Glocken. Mutter Courage kehrt zurück und findet ihre Tochter tot vor. Sie verabschiedet sich mit einem Lied von ihr und folgt dann einer Gruppe von Soldaten in der Hoffnung, wieder gute Geschäfte machen zu können.

1.4 Interpretation des Titels

Anna Fierling bekam ihren Beinamen „Courage", als sie unter dem Feuer der Geschütze fünfzig Brotlaibe in das belagerte Riga gefahren hat, um sie zu verkaufen, bevor sie verschimmelten.

Der Titel kann so interpretiert werden, dass Anna besonders couragiert ist und sie nur wegen ihrer Courage durch das Leben kam. Sie zeigte nie Gefühle oder Verständnis für Probleme der anderen außer als sie ihren Beinahmen „Courage" erlangte.

Mutter Courage kann auch als eine Warnung vor dem Krieg gesehen werden. Denn sie ist so begeistert von dem Krieg, dass sie nicht bemerkt, dass er ihr eigentlich alles bis auf ihr Geschäft nimmt, nämlich ihre Kinder und ihre Freunde.

Die Kinder spielen eigentlich eine nebensächliche Rolle in dem Werk aber auch für Mutter Courage. Sie ist zu besessen auf das Geld und ihr Geschäft, dass sie sie vernachlässigt und nicht vor dem Tod bewahren kann, sogar nach deren Tod leugnet.

Mutter Courage macht sich den Krieg, der für ihr Geschäft ein guter Freund ist, zum größten Feind.

Somit ist der Titel „Mutter Courage und ihre Kinder" so zu verstehen, dass Mutter Courage all ihre Kinder im Laufe des Dramas verliert und sich daher die Frage stellt, ob sie überhaupt noch eine Mutter ist.

1.5 Historischer Hintergrund

Das Stück „Mutter Courage und ihre Kinder" spielt während des Dreißigjährigen Krieges. Dieser beginnt 1618 mit dem Prager Fenstersturz und endet 1648. Er ist einer der längsten und grausamsten Kriege, welcher in Europa je stattgefunden hat.

In dem Stück erwähnt der Feldprediger die Besonderheit des Krieges: „Es ist ein Glaubenskrieg. Kein gewöhnlicher, sondern ein besonderer, wo für den Glauben geführt wird, und also Gott wohlgefällig."[14] Darin geht es vordergründig um den religiösen Kampf zwischen Protestanten und Katholiken, doch spätestens als Frankreich in den Krieg eintritt, bemerkt man, dass Macht und finanzielle sowie strategische Überlegenheit eine große Rolle spielen.[15]

Der Krieg beginnt mit dem Prager Fenstersturz. Dieser findet in Böhmen statt, einem Land mit 90% protestantischer Bevölkerung. Kaiser Ferdinand II. ist katholisch und die Spannungen zwischen diesen beiden Religionen führt zu einem Aufstand der Protestanten. In dem Stück erfährt man die Einstellung der Bevölkerung gegenüber denjenigen, welche eine andere Konfession haben: „Doch das sind die Evangelische. warum müssen sie evangelisch sein? Die pfeifen dir aufn Glauben."[16]

Sie setzen den König ab und werfen andere aus dem Fenster. Kaiser Ferdinand II. jedoch ist selbst auf andere angewiesen, für militärische, aber auch für strategische Zwecke.[17] So formt sich die Katholische Liga, welche aus beispielsweise den Erzbistümern Köln, Trier und dem Herzogtum Bayern besteht. Weitere Verbündete sind der Kaiser und der Papst. Auf der anderen Seite gibt es die Protestantische Union, diese möchte sich gegenseitig helfen. Sie besteht aus dem Kurpfalz Sachsen, Anhalt und vielen Reichstädten, wie Nürnberg.[18]

Das Stück startet im Frühjahr 1624, zu dieser Zeit ist der Krieg bereits ausgebrochen. Im Laufe des Stückes reist Mutter Courage im Land herum, um Profit aus dem Krieg und den Schlachten zu schlagen.

Doch dies sind nicht die einzigen Informationen über den Krieg, der Leser erfährt die Auswirkungen nach den sechzehn Jahren Auseinandersetzung. Der Glaubenskrieg hat über die Hälfte

---

[14] Bertolt *Brecht*, Mutter Courage und ihre Kinder (Frankfurt am Main 1963) 34, im Folgenden zit. als: *Brecht*, Mutter Courage und ihre Kinder.

[15] Vgl. *unbekannter Autor*, Dreißigjähriger Krieg. In: planet-wissen.de, online unter <https://www.planet-wissen.de/geschichte/neuzeit/der_dreissigjaehrige_krieg/index.html#Fenstersturz> (abgerufen am 25.01.2022) im Folgenden zit. als: *unbekannter Autor*, Dreißigjähriger Krieg. In: planet-wissen.de.

[16] *Brecht*, Mutter Courage und ihre Kinder, 62.

[17] Vgl. *unbekannter Autor*, Dreißigjähriger Krieg. In: planet-wissen.de (abgerufen am 25.01.2022).

[18] Vgl. *unbekannter Autor*, Dreißigjähriger Krieg. In: learnattack.de, online unter <https://learnattack.de/schuelerlexikon/geschichte/katholische-liga> (abgerufen am 25.01.2022).

der Bewohner Deutschlands getötet, diejenigen, welche nicht ich Krieg starben, wurden von Seuchen dahingerafft.[19]

---

[19]   Vgl. *Brecht*, Mutter Courage und ihre Kinder, 90.

1.6 Aktualität des Werkes

Das Stück spielt während des Dreißigjährigen Krieges, einem langen und gleichzeitig grausamen militärischen Konflikt zwischen Protestanten und Katholiken.[20] Heute gibt es noch viele Kriege auf der Welt, einen davon erleben wir ganz in unserer Nähe. Russland greift die Ukraine an, diese wehrt sich und viele Monate später hören und lesen wir immer noch täglich von unzähligen Verletzten und Toten. Doch dies ist nicht der einzige aktuelle Kriegsschauplatz auf der Erde, denken wir nur beispielsweise an die Geschehnisse in Afghanistan, Syrien, Somalia oder im Iran.

Genauso wie in dem Stück „Mutter Courage und ihre Kinder" müssen Menschen gegen andere kämpfen, obwohl sie möglicherweise keinen direkten Bezug zu dem Krieg haben. Die Bevölkerung ist gespalten, da ein Teil für und der andere gegen den Krieg ist.

Doch dies ist nicht das Einzige, was heute noch aktuell ist, das Buch ist ein hervorragendes Beispiel dafür, dass sich viele Menschen immer nur für etwas einsetzen, wenn sie davon profitieren. Es ist ihnen egal, ob es durch ihr Handeln anderen Menschen schlecht geht oder es ihnen schadet.

In diesem Fall verlieren zahlreiche Menschen durch die Kriegsgeschehnisse ihre Leben, und die Protagonistin möchte trotzdem nicht, dass er endet. Mutter Courage verliert ihm Laufe des Stückes all ihre Kinder wegen des Kriegs: Karin versucht ein Dorf vor Soldaten zu warnen,[21] Elif wird hingerichtet und Schweizerkas wird von polnischen Soldaten erschossen.[22]

Mutter Courage jedoch macht Profit von dem Krieg und Frieden würde ihr Geschäft zerstören. Die Dame priorisiert ihr Geschäft und das Geld gegenüber ihren Kindern. Sie möchte „vom Krieg leben, aber dich und die Deinen willst du draußen halten".[23] Auch heute existieren viele Menschen, welche genau dasselbe machen würden bzw. es bereits tun.

Sie würde gerne vom Krieg leben, doch dafür, wie der Feldwebel richtig feststellt, „wird ihm wohl was geben müssen"[24], da sie nicht ohne selbst Konsequenzen zu fürchten vom Krieg leben kann. Zusammenfassend kann man sagen, dass das eigene Wohlhaben und Geschäft für Courage wichtiger ist als der Frieden.

---

[20] Vgl. *unbekannter Autor*, Dreißigjähriger Krieg. In: planet-wissen.de (abgerufen am 25.12.2022).
[21] Vgl. *Brecht*, Mutter Courage und ihre Kinder, 88.
[22] Vgl. *Brecht*, Mutter Courage und ihre Kinder, 74.
[23] *Brecht*, Mutter Courage und ihre Kinder, 18.
[24] *Brecht*, Mutter Courage und ihre Kinder, 19.

Das Stück hat allgemein viele Überschneidungen mit der heutigen Welt und der Handlungen der Menschen in Konfliktsituationen. Von der Ukrainekrise profitieren ebenso viele Menschen wie von anderen Kriegen auf dieser Welt – dieses Thema wird wohl auch zukünftig sehr aktuell sein.

2. Figuren und Figurenkonstellationen

2.1 Mutter Courage

Mutter Courage ist der Protagonist in dem Drama „Mutter Courage und ihre Kinder", das von Bertolt Brecht 1939 geschrieben, und 1941 uraufgeführt wurde. Es spielt zur Zeit des Dreißig-jährigen Krieges im heutigen Schweden, Polen und in Deutschland. Mutter Courage zieht als Händlerin mit wechselnden Heerestruppen und ihren Kindern durch die Länder.

Mutter Courage, die eigentlich Anna Fierling heißt[25], kommt ursprünglich aus Bamberg in Bay-ern.[26] Sie ist Händlerin und zog mit ihrem Planwagen durch die ganze Welt und sammelte dabei drei Kinder auf.[27] „Er ist mein kühner und kluger Sohn. Ich hab [sic] noch einen dummen, der aber redlich ist. Die Tochter ist nix. Wenigstens red [sic] sie nicht, das ist schon etwas."[28] Als Mutter gibt sie immer den Schein, herzlos und streng zu sein, doch dabei bemerkt man stets, dass sie sich doch um ihre Kinder kümmert, wie das folgende Zitat untermauert: „Hab [sic] ich dir nicht gelernt, dass du auf die achtgeben sollst? Du finnischer Teufel!"[29] „Gib auf deine Schwester acht, sie hat's nötig."[30]

Jedoch wird im Laufe des Dramas immer klarer, dass das Geld für sie Vorrang hat. Jedoch als der Koch anbietet, sie mitzunehmen, aber im Gegenzug müsste sie Kattrin alleine lassen, ant-wortet sie: „Ich brauch nix [sic] zu überlegen. Ich laß [sic] sie nicht hier."[31] Kurz darauf recht-fertigt sie diese Aussage aber damit, dass es wegen dem Wagen gewesen sei, da sie so an ihm hängen würde.[32] Als Eilif für eine Tat mit dem Tod bestraft werden soll und Anna ihn nur durch Geld aus dieser Situation bringen kann, braucht sie zu lange für die Verhandlungen, daraufhin wird ihr Sohn umgebracht.[33] Weiters lässt sie Kattrin, nachdem sie erschossen wurde begraben, musste aber sofort weiterziehen, um Ware zu verkaufen.[34]

Jedoch lässt sich wiederum ihre Barmherzigkeit in ihrem Namen zeigen. „Courage heiß ich, weil ich den Ruin gefürchtet habe und bin durch das Geschützfeuer von Riga gefahrn [sic] mit fünfzig Brotlaib   im Wagen."[35] „Die armen Leute brauchen Courage. Warum, sie sind

---

[25] Vgl. *Brecht*, Mutter Courage und ihre Kinder, 7.
[26] Vgl. *Brecht*, Mutter Courage und ihre Kinder, 12.
[27] Vgl. *Brecht*, Mutter Courage und ihre Kinder, 11.
[28] *Brecht*, Mutter Courage und ihre Kinder, 23.
[29] *Brecht*, Mutter Courage und ihre Kinder, 28.
[30] *Brecht*, Mutter Courage und ihre Kinder, 42.
[31] *Brecht*, Mutter Courage und ihre Kinder, 96.
[32] Vgl. *Brecht*, Mutter Courage und ihre Kinder, 97.
[33] Vgl. *Brecht*, Mutter Courage und ihre Kinder, 48.
[34] Vgl. *Brecht*, Mutter Courage und ihre Kinder, 107.
[35] *Brecht*, Mutter Courage und ihre Kinder, 9.

verloren.“[36] „Ich bin die Courage, [...] mich kennen alle.“[37] Darüber hinaus meint Schweizer-kas, Courage habe das Zweite Gesicht und sie könne dadurch die Zukunft voraussehen. [38]

Mutter Courage kennzeichnet sich durch ihre skrupellose Eigenschaft, den Krieg zu verherrli-chen, da er gut für das Geschäft ist. [39] Als wieder Frieden ist meint sie: „Der Krieg soll verflucht sein.“[40] „Ich bin ruiniert [...]. Der Friede bricht mirn [sic] Hals.“[41] Daraufhin nennt sie der Feldprediger eine Hyäne des Schlachtfelds.[42] Als dann schließlich der Krieg wieder beginnt, ist sie überglücklich, dass sie ihre Sachen noch nicht verkauft hatte und zieht los, ohne auch nur einen Gedanken an ihre toten Kinder zu verschwenden. [43]

Mutter Courage verändert sich in dem Drama gar nicht. Der Tod ihrer Kinder scheint ihr nicht zuzusetzen und sie ist, wie auch am Anfang, dem Geld und Geschäft hinterher.

---

[36] *Brecht*, Mutter Courage und ihre Kinder, 69.
[37] *Brecht*, Mutter Courage und ihre Kinder, 45.
[38] Vgl. *Brecht*, Mutter Courage und ihre Kinder, 14.
[39] Vgl. *Brecht*, Mutter Courage und ihre Kinder, 19.
[40] *Brecht*, Mutter Courage und ihre Kinder, 79.
[41] *Brecht*, Mutter Courage und ihre Kinder, 74.
[42] Vgl. *Brecht*, Mutter Courage und ihre Kinder, 82.
[43] Vgl. *Brecht*, Mutter Courage und ihre Kinder, 88.

2.2 Der Feldprediger

Der Feldprediger ist eine der Hauptfiguren in dem Drama „Mutter Courage und ihre Kinder", das von Bertolt Brecht 1939 geschrieben, und 1941 uraufgeführt wurde. Es spielt zur Zeit des Dreißigjährigen Krieges im heutigen Schweden, Polen und in Deutschland. Mutter Courage zieht mit ihren Kindern und einem Planwagen durch das Kriegsgebiet und verkauft ihre Ware.

Der protestantische Feldprediger ist nur durch seine Berufsbezeichnung bekannt. Sein Beruf stellt eine Verbindung von Krieg und Kirche dar. Zu seinen Aufgaben gehört die ideologische Unterstützung der Soldaten seiner Seite.[44] Das wird aber in ein anderes Licht gestellt, wenn man darüber nachdenkt, dass er unschuldige Männer zu einem angeblichen Glaubenskrieg motivieren soll und selbst keinen Finger rührt.

Als die Katholischen einfallen, muss der Feldprediger wiederwillig sein religiöses Gewand ablegen.[45]

Der Feldprediger ist gut gebildet und spricht viel über Gott und den Glauben. Um bei Mutter Courage bleiben zu können, muss er einige Tätigkeiten erledigen.[46] Doch als sie ihn bittet, Holz zu hacken, lehnt er ab, da seine Fähigkeiten anderswo liegen.[47] Er behauptet von sich ein guter Redner zu sein:

> Ich kann ein Regiment nur mit einer Ansprach so in Stimmung versetzen, daß [sic] es den Feind wie eine Hammelherd ansieht. Ihr Leben ist ihnen wie ein alter verstunkener Fußlappen, den sie wegwerfen in Gedanken an den Endsieg. Gott hat mir die Gabe der Sprachgewalt verliehen. Ich predig [sic], daß [sic] Ihnen Hören und Sehen vergeht.[48]

Er wirkt nicht mutig und so, als ließe er die harten Sachen für andere übrig.

Der Feldprediger interessiert sich für Mutter Courage. Er meint zu ihr:„ Im Ernst Courage, ich frag mich mitunter, wie es wär [sic], wenn wir unsere Beziehung ein wenig enger gestalten würden."[49] Sein Wünsche sind es, dass die Evangelischen den Krieg gewinnen und dass Mutter Courage ihn zurückliebt.

Er scheint sich im Laufe des Buches nicht zu verändern. Seine Einstellungen und seine Ängstlichkeit bleiben gleich.

---

[44] Vgl. *Brecht*, Mutter Courage und ihre Kinder, 71.
[45] Vgl. *Brecht*, Mutter Courage und ihre Kinder, 38.
[46] Vgl. *Brecht*, Mutter Courage und ihre Kinder, 42.
[47] Vgl. *Brecht*, Mutter Courage und ihre Kinder, 71.
[48] *Brecht*, Mutter Courage und ihre Kinder, 71.
[49] *Brecht*, Mutter Courage und ihre Kinder, 56.

2.3 Der Koch

Der Koch namens Pieter Lamb ist eine Nebenfigur in dem Drama „Mutter Courage und ihre Kinder", welches von Bertolt Brecht 1939 geschrieben und 1941 uraufgeführt wurde. Es spielt zur Zeit des Dreißigjährigen Krieges im heutigen Schweden, Polen und in Deutschland. Mutter Courage zieht mit ihren Kindern und einem Planwagen durch das Kriegsgebiet und verkauft ihre Ware.

Pieter Lamb ist hauptberuflich Koch und hat auch deshalb diesen Beinamen. Er arbeitet für den Feldhauptmann, über welchen er sich öfters lustig macht, welchen er jedoch respektiert: „Ein verfressener, aber warum ein schlechter?"[50] Er selbst ist mit seiner Arbeit unzufrieden und beschwert sich oft über den schlechten Zustand der Nahrung: „Ich soll ihnen aus Baumwurzeln und Schuhleder was zusammenpantschen, und dann schütten sie mir heiße Suppe ins Gesicht."[51] Das kommt daher, dass er während des Dreißigjährigen Krieges arbeiten muss.

Der Mann mit breiter Statur ist sehr selbstsicher und schließt im Laufe des Stückes Freundschaft mit Mutter Courage.[52] Er kümmert sich sehr fürsorglich um seine neugewonnene Freundin: „Wenn Sie meine Freundin beleidigen, kriegen Sies mit mir zu tun".[53]

Er wird von Yvette, einer Frau, mit der er eine frühere Bekanntschaft hatte, „Pfeifenpieter"[54] genannt. Die Dame versucht Mutter Courage vor ihm zu warnen, da er früher anscheinend viele ins Unglück stürzte. Doch er selbst ist der Meinung, „Das ist lang her. Das ist schon nimmer [sic] wahr".[55]

Das erste Mal, in dem der Leser, beziehungsweise der Zuschauer Pieter Lamb kennenlernt, diskutiert er mit Mutter Courage über den Preis eines Vogels, diese Diskussion führt zu einem weiteren Gespräch über den Krieg: „Wir werden doch nicht belagert, sondern wir die anderen. Wir sind die Belagerer, das muß [sic] in ihrem Kopf endlich hinein"[56] Doch endgültig kauft der Koch den Vogel, über welchen sie diskutierten. Aus dieser Begegnung formt sich eine gute Freundschaft zwischen Pieter und Mutter Courage.[57]

---

50   *Brecht*, Mutter Courage und ihre Kinder, 25.
51   *Brecht*, Mutter Courage und ihre Kinder, 81.
52   Vgl. *Brecht*, Mutter Courage und ihre Kinder, 84.
53   *Brecht*, Mutter Courage und ihre Kinder, 82.
54   *Brecht*, Mutter Courage und ihre Kinder, 84.
55   *Brecht*, Mutter Courage und ihre Kinder, 84.
56   *Brecht*, Mutter Courage und ihre Kinder, 20.
57   Vgl. *Brecht*, Mutter Courage und ihre Kinder, 21.

2.4 Kattrin

Die 25 Jahre alte Kattrin Haupt ist eine der Hauptfiguren in dem Drama „Mutter Courage und ihre Kinder", das von Bertolt Brecht 1939 geschrieben, und 1941 uraufgeführt wurde. Es spielt zur Zeit des Dreißigjährigen Krieges im heutigen Schweden, Polen und in Deutschland. Mutter Courage zieht mit ihren Kindern und einem Planwagen durch das Kriegsgebiet und verkauft ihre Ware.

Kattrin Haupt ist die 25-jährige Tochter der Händlerin Anna Fierling, genannt Mutter Courage.[58] Sie ziehen zusammen mit verschiedenen Heerestruppen im Dreißigjährigen Krieg durch Schweden, Polen und Deutschland zieht. Sie leben in einem Planwagen und verkaufen Ware an Leute im Krieg.

Innerhalb des Buches wird Kattrin angegriffen und bekommt eine große Wunde über ihrem Auge.[59] Sie ist laut ihrer Mutter nicht besonders hübsch und hat es schwer noch einen Mann zu finden.[60] Sie hat sich auf die roten Schuhe einer Hure verschärft und diese bekommt sie schließlich und trägt sie.[61]

Sie ist seitdem sie klein war, stumm und ihre Mutter erzählt: „[...] stumm ist sie auch nur wegen dem Krieg, ein Soldat hat ihr als klein was in den Mund geschoppt."[62] Sie kommuniziert mit Gestik und gibt Laute von sich, wenn sie jemanden warnen will.[63] Sie ist eher schüchtern und selbst ihre Mutter weiß nicht was in ihrem Kopf abgeht: „Wenn ich wüßt [sic], wie es in ihrem Kopf ausschaut!"[64]

Kattrin hat sehr viel Mitleid. Sie ist eine gute Person und setzt sich gerne für andere Menschen ein, besonders für Kinder.[65] Sie rettet zum Beispiel ein Baby aus einem brennenden Haus.[66] Ein anderes Mal beschützt unschuldige Kinder vor Soldaten, die sie wahrscheinlich umbringen wollten.[67] Das hat auch viel Mut erfordert, da sie so lange durchhalten musste, bis sie erschossen wurde.[68] Obwohl sie in dem Buch nichts sagt, bekommt man viel von ihrer Persönlichkeit mit.

---

58 Vgl. *Brecht*, Mutter Courage und ihre Kinder, 10.
59 Vgl. *Brecht*, Mutter Courage und ihre Kinder, 72.
60 Vgl. *Brecht*, Mutter Courage und ihre Kinder, 69.
61 Vgl. *Brecht*, Mutter Courage und ihre Kinder, 73.
62 *Brecht*, Mutter Courage und ihre Kinder, 74.
63 Vgl. *Brecht*, Mutter Courage und ihre Kinder, 18.
64 *Brecht*, Mutter Courage und ihre Kinder, 18.
65 Vgl. *Brecht*, Mutter Courage und ihre Kinder, 72.
66 Vgl. *Brecht*, Mutter Courage und ihre Kinder, 62.
67 Vgl. *Brecht*, Mutter Courage und ihre Kinder, 105.
68 Vgl. *Brecht*, Mutter Courage und ihre Kinder, 105.

Sie sehnlichster Wunsch ist ein Ehemann, was auch Mutter Courage ihr versprochen hat: „Ich hab[sic] ihr versprochen, sie kriegt einen Mann, wenn Frieden wird."[69]

Sie hat zwei Brüder, einen namens Eilif und einen namens Schweizerkas.[70] Sie verliert beide ihre Brüder an den Krieg, obwohl sie versuchte sie zu beschützen.[71] Jeder der Geschwister hat einen anderen Vater und Kattrin ist halb deutsch.[72] Ihre Mutter ist gegenüber ihr etwas kaltherzig. Man merkt, dass sie sie trotzdem liebt, aber so ist einfach die Art der Mutter Courage. Die Familie ist, wie die meisten in dieser Zeit, arm.

---

[69] *Brecht*, Mutter Courage und ihre Kinder, 68.
[70] Vgl. *Brecht*, Mutter Courage und ihre Kinder, 10.
[71] Vgl. *Brecht*, Mutter Courage und ihre Kinder, 74.
[72] Vgl. *Brecht*, Mutter Courage und ihre Kinder, 11.

2.5 Kattrin ist die Gegenfigur zu Mutter Courage

Obwohl sie Mutter und Tochter sind, sind Kattrin und Mutter Courage sehr gegensätzlich.

Kattrin ist eine Figur mit sehr viel Mitgefühl und Liebe für andere.[73] Sie beschützt ihre Familie und auch die, die sie nicht kennt.[74] Besonders liebt sie Kinder, obwohl sie keine eigenen hat.[75] Mutter Courage dagegen ist sehr eigennützig.[76] Sie schaut darauf, dass es ihr selbst und vielleicht noch ihren Kindern gut geht. Sie ist immer darauf aus, den größten Nutzen für sich selbst herauszuschlagen.[77] Mutter Courage ist sehr materialistisch. Das Geld und ihre Waren sind ihr oft wichtiger als ihre eigene Familie.[78] Kattrin scheint das für nicht so bedeutsam zu halten.

Mutter Courage hat auch ein großes Mundwerk. Sie weiß zwar, wann sie was sagen darf, doch vor ungefährlichen Personen nimmt sie selten ein Blatt vor den Mund.[79] Sie singt und redet sehr viel.[80] Kattrin ist, wie schon bekannt, stumm.[81] Sie kann nur mit ihrer Gestik und Mimik kommunizieren.[82]

Mutter Courage scheint Männer sehr anzuziehen. Sie hatte drei Kinder von verschiedenen Vätern.[83] Außerdem interessieren sich sowohl der Feldprediger als auch der Koch für sie.[84] Doch sie scheint sehr wählerisch zu sein und lässt nicht jeden beliebigen an sich heran. Kattrin jedoch hat es schwerer mit der Liebe, obwohl sie sich nichts sehnlicher wünscht. Laut dem Koch wird sie jedoch nie einen Ehemann finden: „Wie soll die einen Mann finden? Stumm und die Narb dazu! Und in dem Alter?"[85]

Schließlich stirbt Kattrin durch einen uneigennützigen Akt, der sie mutiger macht als Mutter Courage.[86] Sie rettet eine ganze Stadt vor dem Verderben. Während ihre Mutter so etwas aus Selbstverliebtheit nie machen würde.

---

[73]   Vgl. *Brecht*, Mutter Courage und ihre Kinder, 105.
[74]   Vgl. *Brecht*, Mutter Courage und ihre Kinder, 43.
[75]   Vgl. *Brecht*, Mutter Courage und ihre Kinder, 74.
[76]   Vgl. *Brecht*, Mutter Courage und ihre Kinder, 62.
[77]   Vgl. *Brecht*, Mutter Courage und ihre Kinder, 17.
[78]   Vgl. *Brecht*, Mutter Courage und ihre Kinder, 53.
[79]   Vgl. *Brecht*, Mutter Courage und ihre Kinder, 54.
[80]   Vgl. *Brecht*, Mutter Courage und ihre Kinder, 59.
[81]   Vgl. *Brecht*, Mutter Courage und ihre Kinder, 74.
[82]   Vgl. *Brecht*, Mutter Courage und ihre Kinder, 11.
[83]   Vgl. *Brecht*, Mutter Courage und ihre Kinder, 11.
[84]   Vgl. *Brecht*, Mutter Courage und ihre Kinder, 71.
[85]   *Brecht*, Mutter Courage und ihre Kinder, 92
[86]   Vgl. *Brecht*, Mutter Courage und ihre Kinder, 105.

Das „Epische Theater"

Das „Epische Theater"

-> Bertolt Brecht 1898 – 1956

-> seine lyrischen Formen werden als Gebrauchslyrik bezeichnet

-> er befasste sich mit marxistischer Ideologie

= der Mittelpunkt ist der Kampf gegen die gesellschaftlichen-politischen Zustände auf der Grundlage des Marxistischen Gedanken

-> in seinen Lehrstücken probiert er diese neuen dramatischen Mittel = „**Episches Theater**"

Theorie und Praxis

-> „Episches Theater" bezeichnet die dramatischen Werke von Brecht und eine **Inszenierungspraxis** am Theater, die sich von der klassischen Dramaturgie unterscheidet

-> Veränderungen der politischen Verhältnisse

-> Brecht sucht neue Methoden und theatralische Mittel

-> er will auf tagespolitische Geschehnisse direkt Einfluss nehmen und für eine Weltveränderung im Sinne des Marxismus kämpfen

-> 1926 beginnt Brecht, die ersten Grundsätze des epischen Theaters zu formulieren

-> er stellt sein Theater des Verstandes und der Distanzierung Aristoteles gegenüber

Verfremdungstechnik

-> Zuschauer werden zum kritischen Mitdenken angeregt und für eine Problemlösung motiviert

Verfremdungseffekte:

- Anrede des Publikums
- eingeschobene Lieder und Zitate
- Selbsteinführung von Personen
- sichtbare Bühnentechnik
- gestische Darstellung
- Prologe oder Projektionen von Überschriften und kurzen Inhaltsangaben

Funktion der Songs

-> in vielen Stücken Brechts werden als Mittel der **Verfremdung** Songs eingestreut

-> soll die Zuschauer aus einer möglichen Identifizierung mit einer Person herausreißen und zu einer kritischen Selbstreflexion über das Vorgeführte anregen

3.2 Epischer Charakter im Werk

Das Drama „Mutter Courage und ihre Kinder" lässt sich als ausgezeichnetes Beispiel für eine Veranschaulichung des Epischen Theaters von Bertolt Brecht.

Dies lässt sich auf die Tatsache zurückzuführen, dass er als Verfremdungseffekt eingeschobene Lieder und Songs verwendet. Diese sollen die Zuschauer aus einer möglichen Identifizierung mit einer Person aus der Handlung herausreißen und zu einer kritischen Selbstreflexion über das Vorgeführte anregen. Dadurch sollen sie nicht mit Mutter Courage mitfühlen, sondern ihre Handlungen und Entscheidungen skeptisch betrachten, um selbst ein solches Verhalten zu vermeiden.

Darüber hinaus regt auch der Inhalt zu einem kritischen Denken an, da auch der Inhalt des Dramas „Mutter Courage und ihre Kinder" als sehr kontrovers angesehen werden kann. Ist der Krieg nur ein Mittel für ein gutes Geschäft? Auf diese Frage will Bertold Brecht in seinem Drama aufmerksam machen und die Zuschauer zu kritischem Denken führen. Mutter Courage soll ein Abbild dieser Frage sein.

Weiters fügt der Autor Projektionen von Überschriften mit kurzen Inhaltsangaben hinzu, als ein weiterer Verfremdungseffekt. Somit ist das Drama eher distanziert, Spannung wird kaum aufgebaut, da man zuvor durch die Inhaltszusammenfassung über die Geschehnisse bereits Bescheid weiß, was wiederum zu einer Selbstreflexion anstatt zu Mitgefühl und Sympathie der Figuren führt.

Brecht lehnt den klassischen Aufbau eines Dramas von Aristoteles und Gustav Freitag ab (Exposition und erregendes Moment, Höhepunkt mit Peripetie, retardierendes Moment und Lösung/Katastrophe). Er durchbricht die traditionell eingeforderten zeitlichen und räumlichen Beschränkungen und löst sich von der Idee, Mitgefühl bei den Zuschauern zu erwecken und diese durch Spannung zu fesseln.

Im Gegensatz zur geschlossenen Form des klassischen Dramas, also zu den drei Einheiten von Ort, Zeit und Handlung, verwendet Brecht in „Mutter Courage und ihre Kinder" eine offene Dramenstruktur. Dabei ist die Zeitspanne weitaus länger als ein Tag und Mutter Courage zieht ihren Händlerwagen durch mehrere Länder. Obwohl die Handlungen in chronologischer Reinfolge geordnet sind, gibt es jedoch keine Übergänge zwischen den einzelnen Geschehnissen.

Somit lässt sich das Theater „Mutter Courage und ihre Kinder" als ein Beispiel des Epischen Theaters zeigen.

4. Das Lied im Stück „Mutter Courage"

4.1 Funktion des Lieds

In „Mutter Courage und ihre Kinder" kommen insgesamt 12 Lieder vor. Sie unterbrechen die Handlung und bringen einen in eine andere Welt. Das Geschehen ist plötzlich nicht mehr so wichtig und einem wird etwas Neues erzählt. Oft wird eine Geschichte gesungen, die einen Kommentar zur jetzigen Situation gibt. In den meisten Liedern geht es um Krieg oder Tod, was sowohl zur derzeitigen Situation als auch zu der Zeit, in der Bertold Brecht das Stück geschrieben hat, passt. Sie machen einen traurig und auch nachdenklich.

Besonders das „Lied von der großen Kapitulation" soll einem etwas beibringen. Es erzählt von einem Mädchen, welches zu große Erwartungen für ihr Leben hat. Es zeigt vor allem, dass man nicht alles bekommt, was man will und klein anfangen soll. Außerdem macht es klar, dass das Leben oft unschön ist und man sich damit abfinden muss. Es soll einen zum Nachdenken anregen.

5. Motive im Werk

5.1 Motiv der Tugend

Ein Krieg ist ein Ausnahmezustand, in einem Krieg ist vieles alltägliches anders und viele verstoßen unbestraft gegen Gesetzte. Doch nicht nur aus diesen Gründen sind Tugenden im Krieg gefährlich. Mutter Courage priorisiert das Geld über den Leben ihrer Kinder.[87] Sie verdient ihr Geld mithilfe des Kriegs „Das ist der Krieg! Eine schöne Einnahmequelle"[88] und wünscht sich er würde nicht enden, sie selbst hat keine Moral gegenüber ihrem eigenen Wohlstand. Als sie die Möglichkeit hatte ihren Sohn freizukaufen, um ihn vor dem Tod zu bewahren, entscheidet sie sich dafür, dies nicht zu tun.[89] Ihr Leben wäre sicher ein anderes, wenn sie ihre Tugenden in diesen Fall berücksichtigen würde. Jedes ihrer Kinder hat eine andere Tugend welches ihm schlussendlich zum Verhängnis wird. Beispielsweise ihre Tochter, Katrin versucht ein Dorf vor dem Angriff anderer zu warnen und starb. So führte die Tugend der jungen Mädchen schlussendlich zu ihrem Tod.[90]

Demgegenüber sind Tugenden unerlässlich. Die Protagonistin, Mutter Courage, stellt sich jeweils auf die Seite, welche ihr Profit bringt. Sie versucht immer Konflikte diplomatisch zu lösen, um Gewalt aus dem Weg zu gehen. Trotzdem ist sie bereit, zur Not diese zu verwenden, jedoch nur wenn es die letzte Möglichkeit ist. Sie kümmert sich um ihre Kinder bis zu einem gewissen Grad, wenn es aber um ihr Geld geht hat sie keine Tugend gegenüber ihren Söhnen und ihrer Tochter.[91]

---

[87] Vgl. *Brecht*, Mutter Courage und ihre Kinder, 98.
[88] *Brecht*, Mutter Courage und ihre Kinder, 73.
[89] Vgl. *Brecht*, Mutter Courage und ihre Kinder, 75.
[90] Vgl. *Brecht*, Mutter Courage und ihre Kinder, 88.
[91] Vgl. *Brecht*, Mutter Courage und ihre Kinder, 67.

5.2 Motiv des Geldes

In „Mutter Courage und ihre Kinder" haben Geld und ihr Geschäfts Vorrang im Gegensatz zu ihren Kindern.

Als Eilif für das Einbrechen in Friedenszeiten mit dem Tod bestraft werden soll und Anna ihn nur durch Geld aus dieser Situation bringen kann, gerät Courage in eine schwierige Situation. Soll sie ihren Händlerwagen verpfänden, um ihren Sohn zu retten? Schließlich braucht sie zu lange für die Verhandlungen, daraufhin wird ihr Sohn umgebracht.[92] Danach hat sie ihn schon wieder vergessen und muss sich auf ihr Geschäft konzentrieren.[93]

Weiters lässt sie Kattrin im Stich auf dem Bauernhof, da sie in die Stadt zum Einkaufen ging. Der Bauernhof wird anschließend von Soldaten überfallen und sie wird erschossen. Courage lässt Kattrin zwar begraben, verschwendet aber keine Sekunde, dem Begräbnis beizuwohnen und zieht sofort weiter, um Ware zu verkaufen.[94]

Mutter Courage kennzeichnet sich durch ihre skrupellose Eigenschaft, den Krieg zu verherrlichen, da er gut für das Geschäft ist.[95] Als wieder Frieden ist meint sie: „Der Krieg soll verflucht sein."[96] „Ich bin ruiniert [...]. Der Friede bricht mirn [sic] Hals."[97] Als dann schließlich der Krieg wieder beginnt, ist sie überglücklich, dass sie ihre Sachen noch nicht verkauft hatte und zieht los, ohne auch nur einen Gedanken an ihre toten Kinder zu verschwenden.[98]

Somit haben das Geld und das Geschäft, wie ich bereits ausgeführt habe, Vorrang vor ihren Kindern.

---

[92] Vgl. *Brecht*, Mutter Courage und ihre Kinder, 48.
[93] Vgl. *Brecht*, Mutter Courage und ihre Kinder, 50.
[94] Vgl. *Brecht*, Mutter Courage und ihre Kinder, 107.
[95] Vgl. *Brecht*, Mutter Courage und ihre Kinder, 19.
[96] *Brecht*, Mutter Courage und ihre Kinder, 79.
[97] *Brecht*, Mutter Courage und ihre Kinder, 74.
[98] Vgl. *Brecht*, Mutter Courage und ihre Kinder, 88.

5.3 Der Planwagen

Der Planwagen ist von Anfang an der Sammelpunkt der Familie.[99] Er ist in beinahe jeder Szene präsent. Er wird zuerst von den Söhnen, dann von der Mutter und Kattrin und schließlich nur noch von Mutter Courage gezogen.[100] Mutter Courage und Kattrin bleiben immer im Umfeld des Wagens. Er stellt gleichzeitig ihr Heim und ihr Geschäft dar. Der Planwagen ist so wie ihre Stütze. Ohne ihn könnten sie nicht überleben. Er ist ihre einzige Einnahmequelle, da sie von dem Verkauf der Waren leben.[101] Im Dreißigjährigen Krieg ist der Planwagen eine praktisches Geschäft. Man kann immer flüchten und man bekommt immer neue Kundschaft, egal wohin man kommt. Der Planwagen ist auch ihr sicherer Rückzugsort. Mit der Zeit entfernen sich die Söhne von ihm, was sie schließlich ins Verderben führt.[102]

Für Mutter Courage hat der Planwagen eine große Bedeutung. Sie lässt ihren eigenen Sohn sterben, weil sie ihren wertvollen Wagen nicht verlieren will.[103] Da sie eine sehr materielle und kapitalistische Person ist, will sie den Planwagen auf keinen Fall verlieren. Als der Koch sie fragt mit ihm nach Utrecht zu gehen, lehnt sie ab: „Glaub nicht, daß [sic] ich ihm deinetwegen den Laufpass gegeben hab. Es war der Wagen darum."[104] Sie weiß, dass sie ohne den Wagen nichts wäre. Er ist ihr so wichtig, da sie es gewohnt ist, um die Welt zu reisen. Sie will diese Stabilität nicht verlieren.

---

[99] Vgl. *Brecht*, Mutter Courage und ihre Kinder, 8.
[100] Vgl. *Brecht*, Mutter Courage und ihre Kinder, 107.
[101] Vgl. *Brecht*, Mutter Courage und ihre Kinder, 29.
[102] Vgl. *Brecht*, Mutter Courage und ihre Kinder, 87.
[103] Vgl. *Brecht*, Mutter Courage und ihre Kinder, 53.
[104] *Brecht*, Mutter Courage und ihre Kinder, 97.

6. Quellenverzeichnis

6.1 Selbstständige Quellen

Bertolt *Brecht*, Mutter Courage und ihre Kinder (Frankfurt am Main 1963).

6.2 Internetquellen

unbekannter Autor, Bertolt Brecht 1898-1956. In: dhm.de, online unter <https://www.dhm.de/lemo/biografie/bertolt-brecht> (abgerufen am 25.12.2022).

unbekannter Autor, Über Bertolt Brecht. In: suhrkamp.de, online unter <https://www.suhrkamp.de/im-portraet/ueber-bertolt-brecht-b-3254> (abgerufen am 25.12.2022).

unbekannter Autor, Bertolt Brecht. In: whoswho.de, online unter <https://whoswho.de/bio/bertolt-brecht.html> (abgerufen am 25.12.2022).

unbekannter Autor, Bertolt Brecht. In: inhaltsangabe.de, online unter <https://www.inhaltsangabe.de/autoren/brech/> (abgerufen am 25.12.2022).

unbekannter Autor, Bertolt Brecht. In: kuenste-im-exil.de, online unter <https://kuenste-im-exil.de/KIE/Content/DE/Personen/brecht-bertolt.html> (abgerufen am 25.12.2022).

unbekannter Autor, Wichtige Stationen im Leben des Bertolt Brecht. In: daserste.de, online unter <https://www.daserste.de/unterhaltung/film/brecht/lebensdaten-wichtige-stationen-leben-brecht-100.html> (abgerufen am 25.12.2022).

unbekannter Autor, Bertolt Brecht. In: deutschelyrik.de, online unter <https://www.deutschelyrik.de/brecht.html> (abgerufen am 25.12.2022).

unbekannter Autor, Dreißigjähriger Krieg. In: planet-wissen.de, online unter <https://www.planet-wissen.de/geschichte/neuzeit/der_dreissigjaehrige_krieg/index.html#Fenstersturz> (abgerufen am 25.01.2022).

unbekannter Autor, Dreißigjähriger Krieg. In: learnattack.de, online unter <https://learnattack.de/schuelerlexikon/geschichte/katholische-liga> (abgerufen am 25.01.2022).